www.treditionde

www.tredition.de

Impressum:
© 2020 Torsten Ratzkowski

Verlag und Druck: tredition GmbH, Halenreie 40-44, 22359 Hamburg

ISBN
Paperback: 978-3-347-06255-9
Hardcover: 978-3-347-06256-6
e-Book: 978-3-347-06257-3

Cover und Bildillustrationen: Torsten Ratzkowski

Torsten Ratzkowski

Eine

FROHE

Botschaft

Weihnachten fällt aus

Das ultimative Buch für Weihnachts-Muffel!

Vorwort

Weihnachten mag ich nicht - und Weihnachten mich auch nicht. So empfinde ich jedenfalls diese alljährlich wiederkehrende Stressphase.

Um nun trotzdem eine für alle Beteiligten akzeptable Lösung zu finden, haben wir - das Christkind, Knecht Ruprecht, Santa Claus, der Weihnachtsmann, Gabriel (als Vertreter für die Engel) die drei Könige, Maria und Joseph und ich - uns wie folgt geeinigt:

Weihnachten fällt nicht aus!

Dafür erhalte ich das Recht, pro Jahr wenigstens (!) ein Weihnachtsgedicht zu verfassen, in dem ich meine Beobachtungen vom Himmel und seiner Bewohner verarbeite. Ungeachtet der Resonanz beim Himmelspersonal.

Diese Beobachtungen des Himmels und seiner Bewohner darf ich jederzeit der Öffentlichkeit zugänglich machen!

Eine Zensur findet nicht statt!

Auch wenn sich einige betroffene Personen gern in einem anderen Licht sehen, als von mir dargestellt.

Inhaltsverzeichnis

Advent, Advent,

kein Lichtlein brennt.
Nicht eins, nicht zwei,
nicht drei, nicht vier,
kein Weihnachtsmann steht vor der Tür.

Was ist denn nur im Himmel los?
Und wo ist Knecht Ruprecht bloß?
Kein Englein schwirrt heut durch die Lüfte,
auch fehlen all die Weihnachtsdüfte.
Wo sind denn bloß die Engel hin?
Man riecht nicht Zimt, nicht Rosmarin.

Kein Niklaus schimpft.
kein Christkind schreit:
„Kommt Leute, es ist Weihnachtszeit!"
Der Schlitten steht noch unbenutzt,
im dunklen Rentierschuppen.
Nicht mal die Kufen sind geputzt,
und rostig sind die Kuppen.

Auch kein Rentier kommt geritten,
zieht nicht, wie sonst, den Weihnachtsschlitten.
Am Haken hängt die Peitsche noch,
der Weihnachtsmantel hat ein Loch!

Ja, wo ist der Niklaus überhaupt?
Hat man den heute schon gesehen?
Dort liegt noch seine Rute, ganz verstaubt.
Was ist denn bloß geschehen?
Kommt Leute, schau'n wir mal am Himmelstor.

Und fragen dort: was geht hier vor!
Ob irgendwo geschrieben steht,
das uns erklärt, was vor sich geht!

Au ja, ja dort, dort hinten steht ganz dick geschrieben:
‚K e i n Weihnachten dies' Jahr, ihr Lieben!
- wegen Streik im Himmelshaus
fällt Weihnachten für dies' Jahr aus!

Und wer nicht drauf verzichten kann,
beschwere sich beim Weihnachtsmann!'

(Als Alternative Fortsetzung für Harmoniebedürftige:)

Plötzlich springt der Wecker an
Und bimmelt, was er bimmeln kann.

Aus tiefstem Schlaf gerissen
springt der Weihnachtsmann aus seinen Kissen.
Wirft einen Blick zum Weihnachtsbaum -
- der steht noch da -
– es war nur'n Traum!

Advent, Advent,

ein Lichtlein brennt.
Erst eins, dann zwei, dann drei.
Und - schon ist Weihnachten vorbei.

Und wir -
wir stehn noch immer hier
und warten auf Licht Nummer Vier.

Das allerdings, als letztes Licht,
will wohl dies' Jahr einfach nicht!

So vergeht die Zeit und rennt -
- und schon wieder ist Advent.

Wieder leuchten Eins und Zwei
und danach auch Lichtlein Drei.
Nur das vierte Licht -
Das will schon *wieder* nicht!

Da wird's dem Weihnachtsmann zu bunt
und im Himmel geht's jetzt rund:

„So nicht,

mein liebes Licht!

Wenn du nicht leuchten willst,
dann eben nicht!
Nur kommt dann
ein anderes dran!
Und du kommst in die Wäscherei
bis das schöne Fest vorbei!

Im Advent da geht es nicht
ohne dass durchs vierte Licht
die Wartezeit beleuchtet werde.
Im Himmel hier, wie auf der Erde!"

Plötzlich leuchtet Nummer Vier
wieder wie es soll. Und wir
freuen uns, wenn zum Schluss,
auch der Tann'nbaum leuchten muss!

Im Himmel ist die Hölle los

Knecht Ruprecht hat den Schlüssel zum Himmelstor verloren.
Und ausgerechnet jetzt wird auf Erden ein Christkind geboren!

Verdammt!
Und nun?
Was tun?

„Ein Christkind, ein Christkind –
Verdammt, dem muss man doch was schenken!" -
aber daran kann er jetzt nicht denken
denn von innen ist das Himmelstor
abgeschlossen mit ‚nem großen Schloss davor!
Niemand ist da und öffnet ihm.
So sitzt er nur rum und die Zeit rast dahin.

Und ausgerechnet heute,
bringen Joseph und Maria
ihr Kind unter die Leute!
Nur, weil beide dachten:
Es sei halt Weihnachten
und da gehört in so ‚nen Stall doch ein
richtig schönes Christkind rein!

Knecht Ruprecht überlegt
und sinniert ganz aufgeregt:
„Ich schicke erstmal nur drei Könige zur Erde
- und damit es dort auch festlich werde
kriegen sie etwas Lametta und Weihrauch dazu –
dann hat die liebe Seele Ruh
und es hält die Menschen etwas hin

bis ich wieder im Himmel bin!
Derweil lasse ich die Könige
ein Stückchen durch die Gegend zieh'n.

Nur wie kommen dann die drei
auch sicher beim Christkind vorbei?

Da hat Knecht Ruprecht ´ne Idee:
„Wir nehmen einen Stern, juch-hee.
Den ziehen wir übers Himmelszelt
bis nach Bethlehem, wo er dann hält.
Und zwar auf jeden Fall
direkt über dem Stall.

Damit ihn dann auch alle sehn,
wird er noch mit ‚nem Schweif versehn!

Ja, das ist gut!"

Nun strahlt ein Stern dort, hell und schön,
ganz herrlich ist er anzusehn!
Und leitet dabei alle
direkt nach Bethlehem zum Stalle,
wo Maria, Josef, Schaf und Rind
einträchtig beieinander sind.

Auch die drei Könige sind bald da,
rufen laut: „Da ist es ja!
Unser Christkind! Oh wie schön!
So herrlich, lasst uns doch mal sehn".

Schnell werden Geschenke dargebracht,
das Fest ist bald vorbei.
Beendet wird die heilige Nacht
und weiter ziehn die drei.

Doch an diese eine Nacht
wird bis heute noch gedacht!

Übrigens –

- Knecht Ruprecht kam dann auch vorbei,
nur etwas später. Einerlei,
- er fand den Himmelsschlüssel
direkt unter der roten Schüssel
neben dem Tor mit dem Schloss davor.

Seine Frau ließ nämlich aus Versehen
die Schüssel vor dem Tore stehn.
Direkt auf dem Schlüssel, den ihr Gatte
dort verloren hatte!

Und wieder einmal ist´s soweit

Und wieder einmal ist´s soweit:
Es jährt sich jäh die Weihnachtszeit!

Wenn´s dann ein oder zwei oder drei oder vier-
mal klopft an uns´re Wohnungstür
und eine dieser Bartgestalten
sucht wieder Einlass zu erhalten,
bringt Sack und Rute mit ins Haus
und murmelt: „Bin der Nikolaus!"

Dann endlich ist´s soweit

und es währt wie eh:

- die Weihnachtszeit!

Leise rieselt der Schnee,

taumelnd in hauchzarten Flocken,
während andächtig das Reh
des Weihnachtsmanns stinkende Socken
betrachtet.
und denkt: „Oh je, es weihenachtet".

Ja, da liegt wie jedes Jahr dieser Mann
wieder im Wald unter lichter Tann
und schnarcht auf seinem leeren Sack
was er kann.

Wie jedes Jahr, nach getaner Bescherung
liegt er an des Waldwegs Querung
und zieht sich dort erst mal ein,
zwei, drei schöne Biere rein.

Später dann,
wenn der Blick schon glasig
und die Bäume verschwommen,
wird gern auch noch ein Korn genommen,

dem dann schnell ein zweiter folgt –
und meist noch ein dritter,
und dann ein kleiner Magenbitter.
Und das Ganze dann noch mal von vorn -
es lebe hoch der Doppelkorn!

Bald werden grölend ‚Stille Nacht'
und and'res Liedgut dargebracht

und irgendwann macht's plötzlich bum -
und der Weihnachtsmann – fällt einfach um!

Na, das war wieder ein Tag!
denkt das Reh.
Kaum ist die Bescherung passé
liegt der Typ wieder im Schnee
und singt schmutzige Lieder:

- alle Jahre wieder!

Auf schnellen Kufen

Auf schnellen Kufen
unter lichter Tann,
rast wie bescheuert
der Weihnachtsmann.

Sein Schlitten ist von oben bis unten
mit glitzernden Paketen und allerlei Tand
beladen bis an den oberen Rand.
Und trotz all der Raserei
bleibt wie von Engelhand
alles doch fest auf den Schlitten gespannt.

So rast er dahin durch den Weihnachtswald.
Hört nur, wie die Peitsche knallt.
Dazu sein Ho-ho-ho …
Denn zu Weihnachten, da ist das so!

Doch plötzlich, wie das manchmal so ist -
steht mitten im Wald - ein Polizist!

„Ha ha - halt!" ruft er in den Wald.
„Ho ho, - hol mich doch der Sonstwer …,"
denkt der Weihnachtsmann,
bringt den Schlitten quietschend zum Halt.

„Also, mein lieber Herr Polizist, -
wissen sie nicht wie spät es ist?
All diese Geschenke hier müssen auf Erden
noch schleunigst abgeliefert werden!
Sonst gibt es manch trauriges Gesicht…"

„Nun mal langsam. Sie fahr'n ohne Licht
bei Dunkelheit und viel zu schnell.
Und das Gefährt ist überladen -
So einfach geht das nicht!

Hier gilt schließlich, wie anderswo
auch für sie die StVO!
Und ohne Licht,
vorne wie hinten,
fahr'n wir nicht!

Und schon gar nicht so überladen!
- Kann ich mal Ihre Papiere haben?"

„Langsam, langsam, Herr Polizist.
Wissen sie nicht, wie das bei uns im Himmel ist?
Wir brauchen keine Papiere, kein Licht!

Wir werden geleitet von himmlischer Energie,
die sich vor uns ausbreitet.
-     So verpassen wir unsere Ziele nie."

„Lieber Herr – eh – Weihnachtsmann!
Ich hör mir den Quatsch nicht mehr lange an.
Entweder krieg ich jetzt die Papiere zu seh'n
Oder der Schlitten bleibt auf der Stelle hier steh'n!"

„Ho ho ho, ist das denn auf Erden so?
Mit der – wie heißt das noch – S-t-V-O?
Dann können sie auf mich verzichten
und Weihnachten ohne mich verrichten!

Mir ist das jedenfalls zu dumm -
- ich - kehr' um!"

Der Vortrieb des Schlittens,
er geht gleich zu Werke
mit *einer* himmlischen Rentierstärke.
Nur eben andersrum – es geht zurück!
Die Erde würdigt der Weihnachtsmann mit keinem Blick.

Seither aber sind unter der Tann
die Geschenke nicht mehr vom Weihnachtsmann!
Das sollen nur die Kinder denken.
In Wahrheit müssen wir alles selber schenken.

Und der Weihnachtsmann hat sich eingerollt
auf dem Sofa und - schmollt!

Weihnachten

oder:

Der Holzdieb

Von draus´ vom Walde komm ich her
und langsam sind mir die Füße schwer.
Auch mein Sack - der auf dem Rücken -
beginnt mich schon ganz mächtig zu drücken.

Muss nur noch quer übers Feld,
dann seh' ich den Ort
schon an die Hügel sich schmiegen.
Nun hoffe ich nur, dass der Sack noch hält,
der mich heftig im Rücken bohrt
und beginnt immer schwerer zu wiegen.

Doch gleich hab ich´s geschafft: nur noch ein,
zwei oder drei, höchstens vier-
hundert Meter bis zur Kellertür!
Dann schlepp ich mich rein, den Sack hinterdrein
und bekomm einen Kuss von der Gattin dafür:

Endlich wieder Holz vor der Hütte!
Warm wird´s mir im Leib.
Und sie kann wieder heizen:

ist doch praktisch, so'n Weib!

Hört, ihr Leut' und lasst mich sagen,

was sich heute zugetragen:

Also, - **ich** – ne,
komm von da draußen vom Walde her
und muss schon echt sagen, dort weihnachtet es sehr.

Ich fahr also mitten
durch den Wald mit dem Schlitten
und seh' da vor mir auf den Tannenspitzen
plötzlich so'n grelles Licht aufblitzen.

Und eh' ich's mich versah,
standen schon Leute mit Pistolen da!

Nee, ne!

So'n Diebesgesindel und Räuberpack
schreit mich an: ‚He Alter, her mit dem Sack!
Mach zu, - vom Schlitten runter,
und - Hände hoch, aber'n bisschen munter!'

Also, - **ich** – ne,

geb' meinen großen Sack
daraufhin dem Räuberpack.
Und da stellt doch ganz erstaunt der eine Dieb
fest, dass der riesige, große Sack gar nichts wiegt!

‚Der wiegt ja nichts!' ruft er zum Pack.
‚Alter, du willst uns verkohlen mit deinem Sack?
Verschenkst du etwa Luft? Is' ja zum Lachen.
Komm schon Alter, rück raus mit den Sachen!'

„**Das** geht leider nicht, liebe Leute.
Kurz: hier und bei mir – gibt's keine Beute!
Schließlich bin ich der Weihnachtsmann!
- aber nur für den, der an mich glauben kann!
Die andern können keine Gaben
oder Geschenke von mir haben!

.

Denn in Wahrheit bin ich ja
für den, der *nicht* an mich glaubt
überhaupt nicht da!

Und genauso, mein liebes Diebespack,
ist das auch mit dem Weihnachtssack!

Das heißt:

Will man den Weihnachtsmann berauben,
muss man erstmal an ihn glauben!

Klar?"

Verdutzt schaut da das Räuberpack
zum Schlitten, zum Weihnachtsmann,
zum Weihnachtssack
und lässt den Weihnachtsmann
- dann einfach wieder weiter fahr'n!

Die schönste Zeit im Jahr

ist, wenn grad Weihnachten war!
Sie dauert nur kurz
und währt nicht lang.
Doch schön ist sie und befreiend,
- fast Überschwang.

Advent, - Advent, - endlich vorbei!
Für uns ist das alles einerlei:
wir haben Geschenke bekommen
und brauchen nun nicht mehr dran denken,
was wir wem dieses Mal wieder schenken!

Der Druck ist uns genommen.
Und die ganze kurze Zeit
steht plötzlich nur für uns selber bereit.

Nicht mehr: Was schenk der Oma,
was schenk ich dem Kind?
Und was ist, wenn die Geschenke
nicht die richtigen sind?
All das interessiert uns nun kaum
mehr, als der nadelnde Weihnachtsbaum.

Leider ist nur einmal im Jahr
die Zeit, wenn grad Weihnachten war!
Und sie währt nur sehr kurz bis wir wieder bereit
sein müssen für die neue Vorweihnachtszeit!

Tja, - Advent war Advent. Trotz vieren an der Zahl
ist er nun vorbei bis zum nächsten Mal.

Das Christkind ist müde und meldet sich ab,
der Weihnachtmann schleppt sich nach Hause, ist schlapp.

Doch eh' man es merkt folgen schreckliche Zeiten:
wir müssen das nächste Fest vorbereiten!
Was schenk ich nur wem? Denn es bleibt nicht viel Zeit
bis wir alles haben und bis alles bereit.

.
Nicht wieder so wie im letzten Jahr,
als alles in letzter Minute geschah.
Lieber alles beizeiten kaufen
und dann vielleicht noch etwas verschnaufen …!

Ach, genießen wir lieber den Zwischenraum,
der ist eh viel zu kurz – man spürt ihn ja kaum.

Herr Ostermann isst ein Weihnachts-Ei

Herr Ostermann isst ein Weihnachtsei - im Stehen.
Er genießt das Ei, soviel kann man sehen.
- Nur das Drumherum,
Das ist ihm zu dumm.

Da wäre zum Beispiel seine Frau.
Die achtet immer ganz genau
darauf, daß er nicht kleckert.
Da er's doch tut, wird auch gleich gemeckert
und vorbei ist der schöne Frieden
der dem Paar zuvor beschieden.

„Du blöde Gans kochst die Eier zu weich!"
sprudelt es aus ihm raus sogleich.

„Und du kannst noch immer nicht
vernünftig essen!
Selbst wie man den Löffel hält
hast du vergessen!

Ich hab doch gesagt: iss nicht im Steh'n! -
das kann mit dem Ei sowieso nicht gut gehen –
mit einer Hand den Eibecher halten
und mit der anderen dann den Löffel verwalten
und auf das Ei eindreschen wie beknackt.
Das geht nicht gut, hab ich immer gesagt!
Aber nein, der tolle Herr Ostermann
muß wieder zeigen, dass er's besser kann!"

„Du kannst mich mal" - brummelt Herr Ostermann -
„hab ne Frau, die nicht mal n Ei kochen kann!
Die macht mich noch fertig, die blöde Kuh.
Und ich Idiot steck ihr noch was in'n Nikolausschuh!"

Egal, was noch kommt – das Fest ist gelaufen!
Die eine, die schmollt – der andre geht saufen!

Weihnacht in kurz:

Weihnachtsbaum!

Schön anzuschau'n

im Innenraum.

Weihnachtsbaum

umgehau'n,

in'n Kofferraum.

Aus der Traum!

Ostern oder Weihnachten

Kürzlich stieß der Osterhase
mit seiner kurzen Osternase
gegen etwas Rotes an.
Das lag im Gras dem Krokus nah'
und roch, als wär's schon länger da,
und hatte Stiefel dran.

Es roch nach Moder, gar nicht schön,
und war auch nicht hübsch anzuseh'n.
Ein leerer Sack lag dicht daneben.
Geschenkpapier mit Golddekor
und roter Schleife lag davor,
als vergaß man, diese abzugeben.

Nun stupst' der Osterhase
mit seiner kleinen Osternase
mal kurz den roten Mantel an,
der im Gras, den Kroken nah,
gelegen hat und modrig war,
wie ein toter Weihnachtsmann.

Der Mantel staubt und Knochenrest
klebt wie Erde am Mantel fest.
'Er ist's! ich habe ihn erkannt!!! -
Der kommt wohl nie mehr angerannt -
der Weihnachtsmann! Ein großer Abschied steht bevor',
denkt sich der Has', juckt sich am Ohr.

'Ein großer Abschied', denkt der Hase,
juckt sich am Ohr, juckt sich die Nase.
Ein *Abschied*, wie so oft im Leben,
denn - Weihnachten wird's nicht mehr geben!

Jedenfalls nicht so, wie wir es kennen:
mit Baum und Lichtlein, die schön brennen
und an die Türe klopfet dann
der gute alte Weihnachtsmann.

Nein, *der* hat zuletzt zu viel gefeiert,
ist dann betrunken rumgeeiert
und blieb in einer Schneeweh' kleben.
Ausgehaucht hat er das Fest,
sein Leben und den schönen Rest
der Weihnachtsfeier. Sie wird's –
wie früher - nicht mehr geben!

Ein Frohes Fest …

Oder

Der Weihnachtsmann hat Rücken!

Der Weihnachtsmann kann in den letzten Tagen
seinen Sack nicht mehr richtig tragen.

Das liegt vielleicht daran
dass er schon alt ist
und wenn's draußen kalt ist,
kann er eben
den schweren Sack nicht mehr heben.

Ist schon klar!

Aber die Engel meinen ja,
das käme vom Rücken.
Und vom vielen Bücken.
Und das gibt sich wohl im Neuen Jahr.

‚Aber das allein
kann der Grund doch nicht sein`,
denkt der Weihnachtsmann - in liegender Lage.

‚Wahrscheinlich ist's so, wie ich immer schon sage:
die Geschenke von heute sind einfach zu schwer!
Nicht wie früher die vom Christuskind.
Das verschenkte zu damaligen Zeiten
immer nur nette Kleinigkeiten.

Heute dagegen sind viele Geschenke so schwer,
- dafür müssten ganz andere Schlitten her.
Viel größer! - und am besten mit 'nem kleinen Kran,
der sie alle aufladen kann!

Ich kriege oft riesige Kisten, randvoll gepackt,
fast kriege ich sie nicht mehr eingesackt.
Und dieser Blödsinn ist heut normal!
Aber – hab ich ne Wahl? –

Das Zeug muss schließlich alles schnell weg.
Sonst krieg ich den Ärger nur
wieder bei der nächsten Tour.
Und solange kein Kran
den Schlitten be- und entladen kann,
muss ich zum Beladen der Schlitten
immer wieder die Englein bitten,
die dann meist zu achten
den Sack auf den Schlitten verfrachten.

Fahren kann ich aber noch selber - ho ho ho!
- Nur eben das Abladen will nicht mehr so.

Aber vielleicht könnten die Menschen dann
unten auch schon mal selber ran?
Dann sähe man all die vielen
Leute dort im Sack rumwühlen
und ihn leeren bis auf den letzten Rest. –

Das wird vielleicht ein **frohes Fest**`!!!!

Pst:

Hallo Leute, wisst ihr schon?

Der Weihnachtsmann hat ‚Depression'!
(nicht weitersagen!)
Der holt dann nämlich immer seinen Sack
und nimmt ihn mehrmals huckepack.
Läuft dann aufgeregt im Himmel rum,
mal hin, mal her, mal her, mal hin
und sagt, das Leben wäre dumm,
nicht auszuhalten, ohne Sinn!

Er grummelt und ist schlechter Dinge,
hat um die Augen dunkle Ringe
und er jammert übers ganze Jahr,
wie bescheuert es doch wieder war!

Und überhaupt, was soll das Ganze mit dem ‚Fest'?
Die da unten auf der Erde
spinnen doch mit ihrem Wunsch, dass es festlich werde!
Ich hasse diesen Blödsinn wie die Pest!

Aber, - im Himmel weiß man längst Bescheid,
Denkt ganz entspannt an die Weihnachtszeit!

Denn dann wird's meist besser mit dem Weihnachtsmann:
Dann lässt er z.B. den Sack beim Gehen
auch öfter mal in der Ecke steh'n.
Und er freut sich dann,
dass er bald wieder reisen kann.

Das ‚Her-und-Hin' hört langsam auf
Der Weihnachtsmann ist besser drauf,
bis er dann endlich Ruhe findet,
und die Geschenke auf den Schlitten bindet.

Allein die Freude auf das Reisen tut
dem Weihnachtsmann anscheinend gut!
Und gibt ihm dabei so viel Kraft
dass er's auch bis zum nächsten FEST schafft!

Doch zwischen diesen Weihnachtsfesten
Hat er – na, ihr wisst es schon –
Meist wieder seine Depression'!

Nur Fünf Minuten!

In jedem Jahr beginnt das Weihnachtsfest so:

der Weihnachtsmann ruft sein dreifaches „Ho!"
und rast dann wie immer, munter
mit dem beladenen Schlitten zur Erde runter.

Und dann sind auch wieder wie jedes Jahr,
die vielen nervenden Englein da.
Sie rufen: „Wohlan, wohlan!
Herr Weihnachtsmann, seid ihr wieder bereit
für die neue Weihnachtszeit?"

Und: „Ist euer Bart frisch gepudert,
der Schlitten beladen?
Habt ihr wieder mit fester Hand
das treue Rentier angespannt?

Sind die Wolken wieder gefüllt
mit den flauschigen Flöckchen?
Sind zum Erklingen bereit
wieder die güldenen Glöckchen?

Oh, und sind die Sternlein geputzt,
dass sie schön hell wieder leuchten
und andächtigen Menschen
die Augen befeuchten?

Na dann wohlan
lieber Weihnachtsmann!
Es ist Zeit!
Seid ihr bereit
für das dreifache „Ho"?

Dann ….

(– so ist das mit dem Weihnachtsfest -
- es beginnt nun mal so!)

„Dann kann's endlich losgehen!
Ist der Schlitten bereit?"

Müde erklingt's aus dem Weihnachtsmann-Bett:
„Wenn ich nur noch ein paar Minuten hätt!

Oooaah – ach, ihr Engel, ihr Guten,
gebt mir doch einfach noch fünf Minuten!".

Was macht der Weihnachtsmann im Sommer?

Im Sommer sitzt der Weihnachtsmann
meist in seinem Weihnachtsmannhaus -
unter Palmen - und schaut grimmig zum Fenster raus.
So, als denkt er jedes Mal: Oh Graus, oh Graus -
bald muss ich wieder mit dem Schlitten raus!

Dabei ist es sooo schön, allhier zur Sommerzeit,
wenn's manchmal regnet, doch niemals schneit!
und warme, dicke Sonnenstrahlen
die Haut der Menschen braun anmalen.

Sie können in kurzen Hosen geh'n,
lassen ihre nackten Beine sehn
und fühlen sich wohl und unbeschwert –
- so, - als hätten sie nie von Weihnachten gehört!

Denn der Weihnachtsmann, der Gute,
denkt selbst jetzt noch an die Rute!
Damit schüchtert er schließlich die Kinder ein!
Ob groß, ob dumm, ob klug, ob klein,
stets mahnt er sie, ja lieb zu sein!

Sonst – so sagt er – gibt's nämlich kein Geschenk!
Oder er haut ihnen gleich mit der Rute aufs Handgelenk
und sagt: dann schau ich wohl im nächsten Jahr
mal wieder vorbei und hör, ob's besser war!

Aber im Stillen denkt er so bei sich:
‚Eigentlich mag ich Weihnachten ja nich´!
immer mit der Rute droh'n!
Wem macht das Spaß? Wer mag das schon!

- Aber früher konnte ich nicht ahnen,
was für einen Beruf ich da ergreife.
Mir fehlte damals schlicht die Reife
zu überschau'n, was es bedeutet,
wenn jedes Jahr die Weihnachtsglocke läutet
und mich die Engel wieder mal zur Erde schicken
um all die Kinder zu ‚beglücken'!

Ach, - denkt da der Weihnachtsmann,
wieviel lieber sitze ich doch hier in meinem Haus,
unter Palmen und schau einfach nur zum Fenster raus.

Und das nicht nur zur Sommerzeit –
Nee, - gern auch im Winter - wenn es bei euch schneit!

Denkt euch, ich hab heut das Christkind geseh'n!

Ehrlich gesagt, ich fand's nicht so schön!

Es erschien mir im Traum
unterm Weihnachtsbaum.
Und - es war schon recht alt:
so über 2000 Jahre bald!
Und trotz all dem kirchlichen Dünger
wirkte es nicht wirklich jünger!

Nun, - nach all den Jahren
erkennt man das Alter noch gut an den Haaren:
und die waren schon ziemlich schütter - bis ausgegangen
und klebten noch dort, wo einst Locken gehangen.

Aber lassen wir das Christkind für heute mal ruh'n
und tun besser das, was wir am liebsten tun:

uns **freu'n** auf das Christkind!
- und hoffen, dass es aussieht wie immer –

und hoffentlich –
nicht schon wieder schlimmer!

Empört sich der Nikolaus:

Also, heute ne, sagt zu mir doch so`n Bengel -
lächelnd wie der liebste Engel:
„Lieber, guter Nikolaus",
„bevor **du** hier reinkommst:

- Stiefel aus!!

Nicht wieder wie im letzten Jahr
als alles hier so dreckig war!
Einen ganzen Tag haben wir verbracht
und die Wohnung wieder rein gemacht!

Die gröbsten Klumpen Dreck
gingen noch mit dem Kehrblech weg.
Aber der Teppich war so richtig
eingesaut vom dicken Lehm
deiner Stiefel. Das musst du mal seh'n!
Nee, nee, nicht noch mal so`n Dreck!
Besser, du bleibst dieses Jahr mal weg!

Und überhaupt,
was soll mir so´n voller Stiefel nutzen?
Das bisschen Schokoladenzeug darin
und vielleicht ein kleines Geschenk!
Und dafür kann ich wieder
stundenlang die Wohnung putzen?

Nee, nee, so nich', lieber Nikolaus!
Bevor **du** hier reinkommst,
erstmal: Stiefel aus!
Oder du bleibst mal besser weg!
Dann gibt's nicht wieder so'n Dreck.
Und das mit dem Geschenk,
das lass mal sein!
Dafür bleibt unsre Wohnung rein!!

Diesmal machen wir wieder richtig ein'n auf sauber, ne?

Kräht der Hahn

Kräht der Hahn auf seinem Mist-
haufen, dass wieder Weihnachten ist,
bedeutet das für jedes Huhn:
jetzt gibt es wieder viel tun!

Eier legen, Eier säubern,
Eier schützen vor den Räubern.
Die Eier werden ausgeblasen
und bemalt mit Weihnachtshasen, -

getrocknet dann für eine Nacht.
und dann so zum Hahn gebracht.

Der kräht darauf los, wie jedes Jahr:
„Juh-hu, der Weihnachtshaas ist wieder da!
Kikeriki, kikeriki,
de Wiehnachts-Haas is wedder hi!"

Und glücklich feiert der Hahn auf seinem Mist-
haufen, dass wieder Weihnachten ist.

Die gute Pute!

Mein Weihnachtstraum:
Pute und Tannenbaum.
Die Pute ganz braun!
Wie der Tannenbaum,
der eigentlich ja grün,
aber so gibt es ihn ja kaum
noch in der heutigen Zeit -
nach so langer Trockenheit!

Aber die Pute:

Sie ist wieder ganz braun die Gute!
Wie jedes Jahr
Wenn sie im Backofen schmort
mit der Thymian-Rute
und der Füllung aus Pflaumen,
Mandeln und Wein dort dorrt.
Mit Nüssen, Gewürzen und Speck
verwöhnt sie wieder den Gaumen –
- doch bald ist sie weg.
wie jedes Jahr -
wenn Weihnachten war.

Die Rache der Gans

Die Weihnachtsgans am Abendtisch
sieht meistens doch ganz jämmerlich
aus: der Kopf ist ab, die Federn sind weg,
- so liegt sie zwischen Essbesteck!

Doch dann rächt sie auf besondre Art
was man ihr zur Weihnacht tat:

Mit all dem Fett, dass ihr gegolten
lässt sie der Galle keine Ruh.
Nur Darm und Leber, die nicht wollten,
schau´n dem Treiben vorerst zu.

Der Magen manscht die Gans zu Brei
und mischt sie durch mit eignem Saft.
Und erst nach Stunden ist´s vorbei,
das Würgen zieht in tiefern Schaft.

Hier geht´s jetzt los, die pralle Galle
strotzt und prustet, strafft und schafft,
bis irgendwann die Säfte alle -
- ihr entschwindet alle Kraft.

Nun kommt die Leber dran:
die dehnt sich erst und wird derart,
dass alles drum herum erstarrt!
Der Blick verschleiert sich sodann,
bis man kaum mehr sehen kann.

Und gerade Gänse will nachdem
der arme Esser nicht mehr seh´n.

Nun hat es Ruh, das Gänsefleisch,
für ein Jahr - bis zum nächsten Streich!

Die Maus im Sack von Santa Klaus

Im Sack von Santa Klaus
wohnt seit kurzem eine Maus.
Und die - muss raus!

Nur wie?

Santa Klaus muss bald los,
die Bescherung fängt an
und da braucht er den Sack
doch als Weihnachtsmann.

Der Sack hat aber das ganze Jahr
über im Keller gehangen
und als er dort war
sich eine Maus eingefangen.

Und die - muss wieder raus!
denkt Santa Klaus.

Nur wie?

Wie locke ich die Maus
bloß aus dem Sack heraus?

Am besten mit Käse -
in einer Falle!
Doch die Falle ist weg
und der Käse ist alle.

Oder - einfach
den Sack mit der Öffnung nach unten
nehmen und dreh'n
und mit Glück, fällt die Maus
dann einfach so raus,   -
- das kann geh'n.

Und das geht!

Als Ersatz schenkt ihr zum Weihnachtsfest
Santa Klaus ein neues Mausenest.

Und für die Englein alle -
eine schöne neue Mausefalle.

Ruprecht lag am Glühwein-Stand

Auf dem Weihnachtsmarkt
am Glühwein-Stand,
da war's, wo man Knecht Ruprecht fand.
Er schlief dort unterm langen Tresen
und das wär's dann wohl gewesen!"
- wären nicht die Engelein:
die sammelten ihn wieder ein!

Weihnachten mit lichter Tann´

lässt uns hoffen auf die Zeit
in der der Baum schön groß und weit
gewachsen ist und der uns dann
endlich doch erfreuen kann!

Nur zwei, drei Reihen fehlen ihm
noch an Geäst, dann wirkt der Baum
doch noch wie ein Ungetüm:
kokett geschmückt in unser´m Raum.

Weihnachten mit lichter Tann´ -
Sie wächst bestimmt noch - irgendwann.
Aber unser Weihnachtsmann
klopft dann nicht mehr an
die Haustür, denn:
alt sind wir geworden,
das Kind ist aus dem Haus.
Wir freu´n uns auf den Morgen
und Weihnachten ist aus!

Oh Tannenbaum

Oh Tannenbaum, oh Tannenbaum,
dein Antlitz hat mich umgehau'n?
Du warst so schön und immer grün
doch kaum ist Winter, bist du hin.

Tannenbaum, oh Tannenbaum,
Wie schön warst du doch anzuschau'n!
Du lebtest nur für diese Nacht
die dich verklärt und heilig macht.

Da stehst du nun mit Kugeln dran
und wartest auf den Weihnachtsmann.

Man kleidet dich in Silberzier
(Lametta nimmt man meist dafür)
und vergisst auch Kerzen nicht.
Die kleiden dich in schönstes Licht.

Und viel mehr passiert auch nicht - für dich.

… außer warten!

warten,

rumstehen,

- warten!

Schließlich dann, nach kurzer Zeit,
nimmt man dir's wieder ab, das Kleid.
Weil du vertrocknet bist und ausgedörrt,
weil du deine Nadeln fallen lässt.

Und weil du kahl wirst im Geäst,
wirft man dich in den Garten.
Dort kannst du nun die nächste Zeit
im Müll verbringen - ohne Kleid.

Und dann musst du wieder warten!
Doch diesmal auf die Müllabfuhr,
Die irgendwann vorbeischaut, nur
weil sie dich dann
zerschreddern kann.

O, O Tannenbaum, ….

Hosianna, - lasst Knecht Ruprecht rein!

denn Weihnachten soll's fröhlich sein!

Aufgeregt und Flügelschlagend
singen alle Engelein
heut am heil'gen Weihnachtsabend:
„Lasst uns froh und munter sein"!

Auf Erden ist's wie leergefegt,
kein Engel mehr zu seh'n.
Doch im Himmel flattern aufgeregt
die Engel und die Feen.

„Endlich wieder Weihnachten!"
Die Engel sind entzückt.
„Hosianna, hosianna",
es macht sie ganz verrückt.

Und seht nur wie die Weihnachts-Feen,
die Engelein bezaubern,
die fliegen Salto links und rechts,
ganz wild und ohne Zaudern,

Der ganze Himmel ist, - wie sagt man doch? –
total plem-plem und so!
Alle flippen völlig aus,
sind munter und sind froh

und schrei'n, „Da kommt der Nikolaus,
und da - der Weihnachtsmann.
Und da, - ist das nicht das Christuskind
und schleppt Knecht Ruprecht ran?".

Derweil –

auf Erden singt man ‚Sti – hill - le Nacht'.

Doch im Himmel will man froh
und munter sein und so.
Und feiern, bis die Schwarte kracht!
So toben die Engel durch die Nacht.

Ja, dieses Fest soll niemals enden!
Diese Botschaft woll'n sie senden.
Und dass das Fest die ganze Welt
endlich mal zusammen hält?!

Am 6. Dezember

Am 6. Dezember
steht beim Weihnachtsmann im Kalender:
6. Dezember: Nikolaus !!!

O, schon wieder? denkt er. Ich muss raus!
Er leiht sich Ruprechts Mantel aus,
und zieht damit von Haus zu Haus.

Schaut kurz mal im Vorübergehen
wo der Kinder Stiefel stehen
und ob sie auch schön sauber sind.
Wenn ja, so hat das Christuskind
ihm befohlen
ein paar Geschenke aus dem Sack zu holen,
und in die Stiefel zu verteilen.

Doch niemals darf bei dem Geschehn,
ihn je ein Kinderauge sehn!
Drum muss er sich beeilen.

Und das tut er gern,
denn – ist die Arbeit erst vollbracht,
reitet er auf seinem Schimmel
ganz schnell zurück durch dunkle Nacht
in den siebten Weihnachts-Himmel.

Denn dort, zu Hause angekommen
drückt ihn sogleich und voller Lust
die dralle Weihnachtsfrau an ihre Brust. -
- Schnell wird noch ein Bad genommen.

Und dann wird es himmlisch!

Wer hätte das gedacht?

auch **ohne** Hochzeitsnacht
hat Maria ein Kind zur Welt gebracht!
Und Joseph? Der schaut derweil dumm
in der Weltgeschichte rum.

Denn ein Kindlein, ohne Hochzeitsnacht
hat noch nie wem Spaß gemacht!

Die Stiefel von Versace

Wie gern zieht sich der Weihnachtsmann
die Stiefel von Versace an.
Die mag er am meisten -
kann sich aber keine leisten!

Denn - ein Weihnachtsmann verdient nicht viel.
Und im Himmel gibt's derzeit nicht viel zu tun -
auch wenn man das nicht glauben will,
doch die Geschäfte dort oben - sie ruh'n.

Jedenfalls weitgehend. Und überhaupt,
es gibt ja kaum noch wen, der an ihn glaubt.
den Weihnachtsmann, der im Himmel wohnt,
sich nie und auch nie sein Rentier schont,
nur um auf Erden und beizeiten
allen Kindern eine Freude zu bereiten.

Aber wie gesagt,

der Himmel dort oben, der zahlt nicht gut.
Nein, er zahlt sogar richtig schlecht!
Und betroffen vom himmlischen Geiz
ist – wir wissen es bereits –
vor allem der Weihnachtsmann –
der nichts dagegen machen kann.
Und das findet er natürlich ungerecht!

Auf mehr Lohn kann er nicht hoffen.

weshalb er gern die Rute schwingt.
und droht dem Himmelspersonal:
Ich hör bald auf, - dann seht ihr mal!!!

Die Engel dagegen, die sind besser dran!

Die flattern nach Tarif
der himmlischen Gewerkschaft
ENGEL RAN,
die für sie sorgt so gut sie kann!
- Nur - nicht für den Weihnachtsmann!
der zu Recht meint: da läuft was schief:

Also, allein die Flugzulage
der Engel bringt so ganz vage
fast das doppelte von seinem Lohn
- Und das irritiert ihn schon!

Es gib für schnelles Packen und Beladen
zwar noch extra Packzulagen,
sowie nen Bonus für die Pflege.
seines Rentiers im Gehege.

Doch das war's dann auch!
Aber den Engeln da oben - denen geht es gut!
Auch wenn dort jeder Engel so tut
als fallen ihm gleich die Flügel ab
und er kein Geld für neue hat!

Der Weihnachtsmann dagegen, der tut uns leid!

Dem geht's nicht gut im Himmelreich.

Und darum schenken **wir** zur Weihnachtszeit
ihm immer eine Kleinigkeit!
Und der Weihnachtsmann der zeigt uns dann
wie dankbar er dafür sein kann!

Vor allem nach ein, zwei, drei Likör -
- dann wiegt sein Sack nicht mehr so schwer -
und das Fest wird wunderbar.
So wunderbar, wie's immer war:

fröhlich und mit vielen Kerzen.
wärmt es wieder unsere Herzen
und wir wünschen für den Rest
des Jahres allen: FROHES FEST!

Derweil - der Weihnachtsmann hat vom Likör
schon ein paar Gläser mehr
zu sich genommen,
und sieht die Welt etwas verschwommen.
Denkt in diesem Zustand schon
gar nicht mehr an seinen Lohn.

Vielmehr wie er's beizeiten
noch schaffen kann
in den Himmel hoch zu gleiten.
Dort soll das Christkind eine Party geben!
Und da will er hin, da tobt das Leben!

Epilog:

Alle, die im Himmelszelt
leben und die ganze Welt
mit Geschenken überschütten,
kommen nun auf ihrem Rentier angeritten
und feiern wild beim Christuskind
dass sie mal wieder zusammen sind:

Niklaus, Ruprecht, Santa Klaus,
trinken fast ein Bierfass aus!
Ob Christkind, Engel oder Weihnachtsmann,
- jeder säuft so viel er kann.
Und selbst beim Himmelspersonal
wird das Weihnachtsbier nicht schal.

Vom Weihnachtsmann die süße Braut,
- die lacht - wie meistens - viel zu laut,
die will heut richtig einen heben:
und ein HOCH aufs Christkind geben.

Ruft: hoch das Christkind, es soll leben. (hihi)
Das Christuskind, ja, das lebe hoch! (hihihi)
Da, seht doch mal, - es lebt ja noch!

So wird gefeiert bis um drei.
Dann endlich ist das Fest vorbei
und alle zieht es nun nach Haus.

Das Weihnachtsfest - ist endlich aus.

Limeri-X:

Am Weihnachtsbaume die Kerzen

füllen den Menschen die Herzen.

Selbst wenn eine tropft

wenn der Weihnachtsmann klopft.

Das können sie locker verschmerzen.

Klimawandel auch im Himmel

Für Knecht Ruprecht, seitdem er kürzlich auf Erden war,
erscheint der Himmel zunehmend - sonderbar.
Irgend etwas zwischen Himmel und Erden,
meint er, muss in Zukunft anders werden!

„Wir im Himmel verbrauchen so viel Energie.
Auf Erden dagegen spart man sie!
Wenn wir sie weiter so verschwenden,
müssen wir uns bald fragen: wie wird das enden?"

Seitdem jedenfalls überlegt er *wie*
spart man im Himmel Energie?
Nichts ist auf dem neusten Stand,
war das erste, was er fand.

Das Wasser vom Himmel fällt einfach als Regen
platschend auf die Erde runter.
Für die Menschen dort unten natürlich ein Segen,
Denn dort tröpfelt das Wasser munter
und dort wirds immer nasser,
Doch hier oben, meint Ruprecht,
fehlt uns bald schon das Wasser!
Die Wolken geben bald nichts mehr her
und dazu kommt der Engel-Flugverkehr!

Denkt mal an die vielen Blitze,
die wir im Sommer zur Erde jagen
und dann diese häufige Hitze,
ist doch kaum zu ertragen!

Dazu noch das viele Licht –
(besonders im Sommer)
Soviel braucht man doch nicht!
Müssen jede Nacht alle Sterne funkeln?
vieles geht doch auch im Dunkeln?!

Und seit die Menschen Lampen nutzen
bräuchten wir auch keinen Stern mehr putzen!

Also - auf Erden beginnen sie zu sparen,
um auch in späteren Jahren
noch Energie zu haben.
aber wir hier im Himmel oben
verpulvern die Energie und toben
durch die himmlische Welt
als ob die Energie noch ewig hält!
Aber - (jetzt kommts:)

der alte Weihnachtsmann,
der zeigt uns, wie es gehen kann!!!

Er hat ein einziges Rentier nur!
Und damit zieht er jedes Jahr auf Tour.

Immer so um die Weihnachtzeit will er verreisen
und wenigstens einmal die ganze Welt umkreisen.
Nicht nur, weil es ihm gefällt.
Nein, er meint, dass er die ganze Welt
damit – auch zusammenhält.

Und auf dem Weg zur Erde dann
zeigt er, wie man sparen kann:
Denn effizient und gut durchdacht
ist 's was er energetisch macht:

All seine Geschenke schickt er nämlich munter
vom Himmel hoch zur Erde hinunter.
Also vom Himmel hoch oben nach unten zur Erde
damit seine Last bald viel leichter werde.

Das spart enorm viel Energie -
und auf dem Rückweg braucht er sie.

Denn ist der Sack dann endlich leer,
gibt's für ihn kein Halten mehr.
Dann zieht's ihn immer wieder
zur Weihnachtsfrau im straffen Mieder.

Gespart hat er viel Energie.
Und jetzt?

Jetzt braucht er sie!

O

Vorbei

das Geschrei!
Ruhe kehrt ein,
wieder allein,
das Fest ist vorbei.
Das Chaos besiegt,
der Müll weggebracht,
der Tannenbaum leuchtet
nach der Heiligen Nacht
noch immer ganz, ganz sacht
in aller, allerletzter Pracht.
Die Nadeln beginnen zu trocknen,
die Nacht, sie wird still.
Viel stiller noch, als ich's eigentlich will!
Noch einmal werden die Nadeln befeuchtet,
damit der Baum noch ein letztes Mal leuchtet.
Doch dann ist's vorbei, die Schlacht ist geschlagen.
Wir sind wieder frei - nach den schweren Tagen,
und der Baum kann weg. Besiegt ist das Fest.
Und wer es nicht mochte, erfreut sich am Rest.

Aber einerlei -
das Fest -
das ist nun vorbei!

Abzelraim:

Eins, zwei, drei,

    noch ist Weihnacht nicht vorbei!

Vier, fünf, sechs,

    Wo ist der Weihnachtsmann geblieben?

Er sollte doch um sieben …

    oder acht, oder neun? –

Zehn! - sagt die Uhr –

    Da kommt er plötzlich, - nur -
    er kann jetzt kaum mehr gehn!

    Schon gar nicht seinen Text aufsagen
    (von draus vom Walde komm ich her,
    und trink am liebsten nen Likör!)

    und dabei auch noch gerade stehen
    und wie in alten Tagen,
    seinen schweren Sack rumtragen.

Elfe, zwölfe, dreizehn, vierzehn,

    jetzt will der Weihnachtsmann ein Bier sehn!
    Und was ist mit der heiligen Nacht ?

    Die wird jetzt besser abgeschafft!!!

Weihnachtliche Weisheiten:

Auch wenn es regnet oder schneit,
der Weihnachtsmann ist stets bereit
all seine Geschenke auf die Welt zu bringen
und dabei ‚Stille Nacht' zu singen.
Das mit dem Frieden auf Erden
kann ja auch später was werden!

Ein Christbaum brennt gern lichterloh.
Die Menschen mögen's nur nicht so!

Ein Christbaum brennt

nie im Advent!

Weil ja, wie ihr wisst,

Advent meist sehr viel früher ist.

Früher als der Weihnachtsmann

normalerweise kommen kann.

Und so wundert's kaum,

dass so ein Baum

erst richtig brennt –

nach dem Advent.

Im Himmel

gibt's viel Schimmel –

weil's so feucht ist da oben

wo die Englein toben!

Wenn vorm Advent

ne Kerze brennt,
dann ist das viel zu früh!
Doch wenn's geschieht,
und man das sieht,
dann für gewöhnlich löscht man sie.

Brennt vorm Advent   ein Kerzelein,

dann kann das so nicht richtig sein!

Mecht gern singen …

(Melodie: Sascha liebt nicht große Worte)

Mecht gern singen heite Lieder
die ich gern sing immer wieder.
Dies hier von Maria handelt,
die mit Josef anjebandelt!

(Refr.:Njan njan nja, njan njan nja
Njan njan nja, njan njan nja …)

Unserm Herrgott wars jefällig,
schien der Josef doch jesellig.
Doch der Herrgott nicht dran dachte
was der mit Maria machte!

Refr.:Njan njan nja, njan njan nja
bald schon ist dann Kindlein da,
Njan njan nja, njan njan nja,
bald schon ist dann Kindlein da, ...

Aber erste Kindelein
soll wohl nicht von Joseph sein!
So ein heiljer Jeist, man sagte,
war es, der das Kindlein machte. *Refr.:*

Als dann Kind zur Welt se brachten
war da auch schon Weihenachten.
Hatten nicht mal Kinderwagen,
mussten Kind in Krippe tragen. *Refr.:*

Firchterlich war erste Nacht,
Weil kein Ruhe hat jebracht.
Warn da Viecher iberalle
und drei Kenige im Stalle.

Sagten, dass die Viecher beißen
und das Kind soll Jesus heißen.
Jesus Kristus heißt der Sohn,
einen Esel hat er schon!

War Geschenk von einem Kenig,
war nicht viel und auch nicht wenig.
Auch die andren zwei se denken
dran, dem Kind etwas zu schenken. *Refr.:*

Machten Lärm und viel Getese
Josef wurde langsam bese!
„Heite ist hier Weihenachten,
jeht woanders ibernachten!" *Refr.:*

Drauf die Kenige se zogen
weiter gleich in großen Bogen.
Hofften, dass ein Stern se leite,
so wie gestern und wie heite. *Refr.:*

‚S Sternlein kann man droben sehen,
leichtet hell auf das Jeschehen.
Doch dann zieht er pletzlich weiter,
das hält er wohl für jescheiter. *Refr.:*

Hinterm Stern her ziehn nun alle,
ham sich wohl jeirrt in Stalle.
Kenn'n in andren Stall, sie dachten,
besser feiern Weihenachten.

Und nun ? ….

Eins, zwei, drei,

ist Weihnachten vorbei.

Jetzt kann der Weihnachtsmann auch wieder

der Weihnachtsfrau ans Mieder.

Alphabetisches Verzeichnis

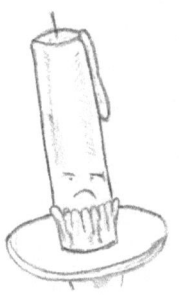

Kein Lichtlein brennt ...

Zeitfracht Medien GmbH
Ferdinand-Jühlke-Straße 7
99095 Erfurt, Deutschland
produktsicherheit@kolibri360.de